GRAND QUARTIER GÉNÉRAL DES ARMÉES

—

ÉTAT-MAJOR

—

NOTES SUR L'ATTAQUE

—

IMPRESSIONS

D'UN COMMANDANT DE BATAILLON

PARIS

IMPRIMERIE NATIONALE

1916

NOTES SUR L'ATTAQUE.

IMPRESSIONS

D'UN COMMANDANT DE BATAILLON.

« La Guerre enseigne la Guerre. » — C'est même la seule école où l'on puisse l'apprendre, et les meilleures classes sont celles qui sont au contact même de l'ennemi, puisque c'est là en définitive que tout effort aboutit et que tout se décide. C'est donc la troupe, et la troupe d'infanterie.

C'est pour elle que tout doit être fait et elle seule peut dire avec autorité ce qui a manqué.

Depuis le début de la campagne, nous avons eu tout ou presque tout à apprendre. Nous continuons : le moindre combat peut dégager une idée nouvelle, fixer un principe discuté. A fortiori, l'offensive du 25 septembre doit être une mine précieuse d'enseignements et une source féconde de succès futurs.

Ces enseignements, je crois en avoir rencontré quelques-uns sur la route, abrégée trop tôt, qui me conduisait à La Folie les 24, 25 et 26 septembre.

C'est un devoir délicat, ingrat, mais impérieux que de les rédiger sans fard. Je le remplirai avec la conviction qu'il est nécessaire que certaines choses soient dites, coûte que coûte, telles qu'elles apparaissent à beaucoup d'officiers de troupe.

De mes impressions se dégageront quelques critiques; elles seraient fort injustes si je les donnais comme générales; mais on voudra bien considérer que telles critiques ne fussent-elles justifiées que dans un petit nombre de cas, elles valent encore la peine d'être faites : car c'est pour un point que Martin perdit son âne.

PREMIÈRE PARTIE.

LA PRÉPARATION DE L'ATTAQUE.

Caractères généraux de l'offensive du 25 septembre. — Fille chérie de l'offensive du 9 mai, dont chacun savait qu'elle avait failli amener chez l'ennemi une débâcle incalculable, l'offensive de septembre a été nourrie du même lait. Le sentiment général de l'Infanterie était la confiance absolue : « Enfin, se disait-on, nous savons maintenant comment les prendre ! Laissons nos obus s'accumuler et nous les tenons. »

Cette confiance provenait de la magistrale clarté avec laquelle le haut commandement avait exposé, dans des Instructions courtes, simples, saisissantes, ce qu'il y avait à faire. Chacun sentait qu'une doctrine était née : et non sur le papier, comme tant d'autres, mais avec la consécration irréfutable d'une glorieuse expérience qui avait presque été la Trouée.

Ces Instructions, si claires et si françaises, on les relisait avec plaisir dans la brochure du Capitaine Laffargue (malheureusement distribuée quelques jours seulement avant l'attaque). Et l'impression générale était qu'il suffisait de réaliser tout ce qui était prévu et prescrit avec tant de précision et de méthode, puis — ceci fait — « d'y aller » avec tout le courage et l'élan qu'on sentait dans les cœurs, pour retrouver les succès du 9 mai et d'autres encore !

Cette conviction, je l'ai encore d'une façon absolue : le courage, nous en avons toujours à revendre ; la doctrine, elle est au point ; à peine, dans les pages qui vont suivre, aurai-je à y proposer des modifications légères.

Mais, *faire complètement ce qui est prescrit, réaliser à la lettre la préparation prévue,* voilà où doivent tendre tous nos efforts, car voilà ce qui a manqué. Dans des détails, me dira-t-on ? Soit, mais c'est encore là un mot impropre, car le premier enseignement à donner aux troupes est que, dans une préparation d'attaque, il n'y a pas de **détails**, **tout** est important.

C'est seulement quand nous saurons combler tous les fossés qui, tantôt ici, tantôt là, ont séparé la **conception** et la **réalisation** des moyens d'exécution que nous aurons décidément aplani la route de la victoire.

Au fur et à mesure de mon souvenir, je noterai les points qui constituent, à mon avis, les exigences **presque absolues** d'une bonne préparation d'attaque. J'essayerai aussi de montrer que, pour y satisfaire, il faut lutter en toutes circonstances, et dès l'arrière, contre *l'esprit d'à peu près* et *l'esprit de négligence,* qui rendent souvent inutiles les sacrifices les plus héroïques.

Forme de l'attaque actuelle. — On a fort ingénieusement remarqué que de toutes les phases de l'attaque de l'Infanterie qu'on étudiait en temps de paix, la guerre de tranchées actuelle n'utilise à peu près que la dernière : l'Assaut. L'Infanterie débute d'emblée par l'assaut, et la progression n'est ensuite qu'une succession d'assauts. Dès lors, l'éducateur militaire est tenté de s'appliquer presque uniquement à la formation d'une troupe d'assaut, le reste devenant exceptionnel ou secondaire : étant donnée une unité amenée dans une parallèle de départ, *rassemblée, complète, fraîche, munie du nécessaire, bien orientée sur sa mission, bien dans la main de ses chefs,* il s'agit en effet de l'en faire faire bondir et de l'enlever, malgré les pertes, jusqu'à un objectif lointain où elle s'établira d'une façon inébranlable, pour servir à son tour de parallèle de départ à une deuxième vague semblable, qui ira plus loin encore.

Cette façon de présenter le rôle de l'Infanterie a le grave défaut de trop laisser dans l'ombre *l'art d'amener la troupe à la parallèle de départ de façon à ce qu'elle y soit réellement postée dans les conditions qui viennent d'être énumérées,* autrement dit : la **marche d'approche.**

De la marche d'approche. — La marche d'approche existe toujours : bien plus, elle existe avec des difficultés inouïes et inconnues jusqu'alors. Ce n'est pas tant l'assaut, c'est elle qui se présente sous une forme radicalement nouvelle.

C'était autrefois une progression méthodique à travers champs jusqu'aux distances encore considérables où commençait la mousqueterie. Quelques dilués qu'y fussent les Bataillons, les Compagnies, leurs chefs les voyaient et pouvaient en être vus. Aujourd'hui, la marche d'approche est le transport souterrain d'une interminable et fragile file indienne depuis la dernière zone abritée jusqu'au terrain d'assaut, à travers des kilomètres de boyaux étroits et enchevêtrés. Et cette opération est caractérisée par le fait qu'il est à peu près impossible au chef d'en surveiller l'exécution et même d'en avoir une idée quelconque avant qu'elle soit terminée.

Rendre possible une telle marche s'appelle : **aménager un terrain d'attaque.**

Comme le feu, l'aménagement du terrain n'est qu'un

moyen. Les deux vrais éléments de la victoire sont l'appui foudroyant et ininterrompu de l'Artillerie et l'élan passionné de l'assaut.

Mais un terrain correctement aménagé et des marches d'approche impeccables procurent seules :

— l'irruption en vagues, à l'heure précise, d'hommes non fatigués ;

— la sortie, en temps utile, de renforts vraiment frais et suffisamment denses ;

— les ravitaillements ;

— les liaisons en profondeur ;

— l'arrivée opportune des troupes d'exploitation du succès.

Puisque cet aménagement du terrain a une telle importance pour résoudre un des problèmes les plus ardus de cette guerre, a-t-on toujours assez fait pour lui ? Sans hésiter : Non. Les Instructions générales ont donné des types très précis et très judicieux d'aménagements de terrain ; nombre d'instructions particulières ont enseigné des dimensions nécessaires, des précautions essentielles, des dispositions ingénieuses ; puis, trop souvent, une exécution hâtée, un manque de continuité dans la direction ou la maladresse des surveillants ont remplacé des travaux sainement conçus par de dangereuses contrefaçons.

Les lois de la circulation dans les boyaux. — Il ne suffit pas que le terrain soit aménagé, médiocrement ou bien il faut encore *savoir* y circuler. Or, il faut avouer qu'ici notre ignorance est restée à peu près complète et que nous réglons nos mouvements dans les boyaux *avec l'empirisme le plus grossier.* J'en appelle à tous ceux qui ont pris part à l'exécution de cet ordre si banal : « le 1ᵉʳ batail- « lon du Nᵢᵉᵐᵉ relèvera cette nuit le 2ᵉ bataillon du Pᵢᵉᵐᵉ, en « utilisant tel boyau, il ne franchira pas tel point avant « 21 heures. » Combien de fois, malgré reconnaissances et guides, l'opération s'est-elle effectuée sans erreurs, sans retards, sans sections perdues, sans coïncements avec d'autres unités, sans piétinements et stationnements exaspérants, sans des fatigues hors de proportions avec les quelques kilomètres parcourus ? Combien de fois, l'été, n'a-t-on pu achever la relève qu'en plein jour, à la faveur du brouillard ou en quittant les boyaux en risque-tout ? Et il ne s'agissait que de l'échange de quelques bataillons sur des fronts plutôt larges, sans tirs de barrage, à des heures que l'on choisissait.

Faut-il s'en étonner ?

Rappelons-nous plutôt qu'avant 1870, on ignorait presque complètement les lois d'écoulement des grandes unités sur les routes : le passage de l'armée de Bazaine sur la R. G. de la Moselle en est un exemple classique. Il a fallu étudier ces lois avec rigueur pour prévoir à coup sûr les longueurs, les allongements, les vitesses de colonnes quelconques et créer la **tactique de marche**. Ce n'est qu'en appliquant ses règles qu'on sait mettre à l'heure voulue un Régiment ou une Division sur une route et l'y mouvoir en économisant les forces des hommes. D'autres **règles** régissent les croisements, les compétitions pour passer, etc.

Mais si cette technique, ces règles existent pour les routes, *elles sont entièrement à créer* pour la circulation nisouterraine. Or, elle sont indispensables au succès maintenant qu'on peut avoir à manœuvrer jusqu'à 8 régiments dans les boyaux d'un terrain ayant 1,500 mètres de front sur 6 kilomètres de profondeur.

Faute de les formuler et de les appliquer scrupuleusement, on continuera à avoir de graves mécomptes sous forme de retards de plusieurs heures, erreurs de direction, absences de liaisons, ravitaillements manqués, évacuation impossible. Et il sera généralement injuste et tardif de s'en prendre à tel ou tel : la fréquence de ces incidents — fréquence peut être ignorée des échelons supérieurs — prouve qu'ils proviennent non des hommes, mais des choses. En l'absence d'une technique et de principes absolus, chacun fait pour le mieux, mais différemment : le résultat est semblable à ce que serait le tir de l'Infanterie dans une armée qui n'aurait pas de manuel de tir.

Histoire d'un terrain d'attaque.

I° *La phase de l'aménagement improvisé.* — Un terrain d'attaque s'organise : soit sur une zone déjà travaillée par de précédents occupants, qui, de proche en proche et sans grand esprit de suite, y ont creusé des tranchées et boyaux ne répondant pas au but offensif nouveau — soit sur une zone conquise sur l'ennemi; zone qu'il faut **retourner** aussitôt contre lui et dans laquelle il faut avoir avant tout des préoccupations défensives contre des contre-attaques certaines.

Dans les deux cas, et surtout dans le second, tout doit être d'abord sacrifié à la rapidité de la mise en garde et de la riposte. Si chaos il y a, on lui donnera au plus vite figure de fortification. Chaque chef débrouillera l'écheveau en commençant par le bout qui lui tombe sous la main. La consigne est : tenir d'abord. Tous les moyens seront bons : on déchaînera l'initiative de chacun, pourvu qu'il se consolide là où il est, barricade, entonnoir de mine ou d'obus.... et qu'il y organise vaille que vaille ses ravitaillements et ses liaisons. **Il est des cas critiques où il** serait coupable de parler de méthode, de dimension, de plan, de théorie.

2° La phase de l'aménagement méthodique. — Mais dès qu'on le pourra, dès qu'on aura assuré une inviolabilité suffisante du front et paré au plus pressé, il importe de renoncer à cette besogne de touche-à-tout, qui a été indispensable, mais dont l'heure est passée. Il faut **organiser méthodiquement.** Je ne dirai pas comment : les Instructions du commandement donnent des schémas très clairs de la figure finale à obtenir. Il est nécessaire et suffisant de la réaliser au plus près. Pour cela, il faut passer le plus vite possible de la première phase à la deuxième : faute de quoi, les défauts de l'initiative apparaîtront après ses vertus; chaque occupant poussera à son idée des boyaux divagants, entamera l'exécution d'un plan personnel et augmentera le chaos primitif.

L'officier qui fait le projet de l'aménagement méthodique d'un secteur ou sous-secteur doit se méfier de l'exactitude des croquis sur lesquels il travaille; à cette période, ces croquis fourmillent encore des fautes les plus grossières, ce qui n'a rien de surprenant si l'on réfléchit dans quelles conditions et par qui ils ont été établis.

Il doit se garder aussi de vouloir obtenir les longs boyaux principaux et les parallèles successives, dont il a besoin, en raccordant sur le **papier**, sur ces plans faux, des éléments qui lui **semblent** se juxtaposer et se prolonger à peu près.

Il doit, au contraire, rejeter les portions qui s'écartent de la direction à obtenir, ou qui sont enfilées, ou qui, dans la hâte de la première période, n'ont pas été tracées suivant les règles de la fortification. Il se gardera de l'illusion qu'on crée un grand boyau central en donnant un nom unique à une série de boyaux quelconques raccordés de fortune et un peu élargis.

En voulant à tout prix éviter des travaux neufs et utiliser, malgré leurs défauts, tous les travaux existants, il ne **réaliserait pas la figure prescrite pour le terrain d'attaque, il en ferait la caricature.**

On trouvera le temps nécessaire aux travaux neufs en les commençant sans délai, en les faisant faire par des troupes instruites, en les faisant bons du premier coup et en ne changeant jamais le plan une fois arrêté.

De la figure générale d'un terrain d'attaque. — Je puis sembler exagéré en demandant que le tracé d'ensemble se rapproche étroitement des schémas indiqués par les Instructions au point d'être un **damier**, tout juste déformé à la demande des ondulations du terrain.

Pour bien voir les difficultés de ces marches d'approche **nouvelles**, imaginons qu'un bataillon soit déployé sur les boulevards, entre la Madeleine et l'Opéra (front : 700 m.) et qu'on veuille l'avancer brusquement jusqu'aux boulevards extérieurs (distance : 1,500 m.) entre l'Hippodrome et le tunnel des Batignolles (front : 600 m.) : **situation calquée sur une opération réelle**, dans laquelle la zône de la D. I. s'étendrait à gauche jusqu'à la porte Saint-Martin et en arrière jusqu'à Montrouge. Cette opération élémentaire de bataillon réussira convenablement si les ordres parviennent vite, si les officiers ont des plans de Paris, si le commandant prescrit exactement à chaque compagnie son itinéraire et son nouvel emplacement en prenant des rues comme repères, et s'il peut dire l'adresse et le numéro de téléphone de la maison où il se tiendra lui-même après l'arrivée. Encore faudra-t-il quelques précautions pour que tout aille bien. Nous avons toujours su que la guerre des rues était chose délicate.

Remplaçons maintenant les rues de Paris par des boyaux de 80 centimètres ou 1 mètre de large, les plans par des croquis inexacts, supprimons 9 plaques indicatrices sur 10, les numéros des maisons et le téléphone, ajoutons des obus et des blessés : l'opération deviendra fort aléatoire, les compagnies arriveront les unes après les autres, se tasseront en certains endroits, en laisseront d'autres inoccupés, et les liaisons s'établiront lentement ou pas du tout. Il faudrait cependant qu'un bataillon quelconque de 3e ligne pût aller de Montrouge à Clichy sans être désorganisé par le trajet et qu'il arrivât au point prescrit, au besoin sans reconnaissance préalable et sans guides.

Si, au lieu d'être calqué sur Paris, notre terrain d'attaque est à l'image d'une ville damier, New-York ou Chicago, la plupart de ces difficultés disparaîtront, les croquis seront plus faciles à faire justes, les boyaux à classer et numéroter, les directions perdues à retrouver, les P. C. et les places d'armes à définir. Le soldat le plus sot sera capable d'aller d'un point à l'autre sur des indications verbales. Les officiers sauront leur terrain par cœur et, ayant moins besoin de regarder leur plan, se dirigeront de nuit comme de jour. Bref, toutes choses seront disposées pour prévenir **les causes d'erreurs et de débandade**, qui, quoi-qu'en pensent les purs théoriciens, *guettent à chaque pas* une troupe nombreuse qui fait mouvement par boyaux.

Voilà pourquoi le terrain doit se rapprocher du schéma des Instructions.

En outre, on ne dira jamais assez quelle confiance donne au troupier le spectacle d'une préparation minutieuse, de communications faciles, d'un terrain clair où il a la sensation de n'être jamais perdu.

Plans et croquis. — La base de toute organisation d'approches est un plan exact. C'est capital. Plus on s'enfonce sous terre, moins souvent on peut voir avec ses yeux, et mieux il faut voir avec le papier.

Les plans doivent être établis à une **échelle unique** le **10,000e**, avec cartons au 5,000ᵉ pour les organisations de villages et de parallèles de départ. Des mesures soigneuses faites en pas ou en temps, la boussole de 5 centimètres avec aiguille noire mobile et le petit rapporteur en cuivre qui ont été distribués largement, suffisent pour établir des plans convenables.

Il ne faut pas confondre **plan et croquis** : le mot **plan** implique des mesures faites à loisir et une précision en rapport avec l'échelle employée. Le mot **croquis** désigne un dessin fait à vue, à l'estime, parfois de mémoire ou par renseignements. Quiconque fournit un document dessiné doit écrire dessus si c'est un plan ou un croquis et quelle créance il comporte ; le plus souvent, la valeur des différentes parties est inégale ; il faut alors distinguer par un nota en quelques lignes, ce qui a été mesuré et ce qui est fait au sentiment. Ne pas oublier l'échelle ou, tout au moins, l'indication : « un carreau pour tout le pas ». — Écrire sur le document la date de sa confection ou de sa dernière mise à jour.

Ces minuties sont essentielles : les officiers qui n'en ont pas le respect aveuglent à plaisir eux-mêmes ou leurs camarades.

L'officier topographe de division. — Nous faisons une guerre où 100 mètres de terrain coûtent quelquefois 500 hommes. Pour bien la conduire, il faut en certains points être renseigné à 20 mètres près. Pour assurer la confection sérieuse d'un plan au 10,000ᵉ avec détails au 5,000ᵉ, sa constante mise à jour, sa rectification et l'envoi de papillons rectificatifs hebdomadaires à tous les détenteurs, il n'est pas trop de prévoir **un officier par division** chargé **uniquement** de ce service, avec deux aides soldats. Il est bien entendu qu'il parcourra constamment le terrain au lieu de raccorder en chambre des croquis venus de l'avant. Ce **topographe divisionnaire** n'est pas un officier d'É.-M. : il n'a besoin que d'avoir des jambes actives et un esprit précis. On peut le chercher dans n'importe quel corps ou service.

Ses plans devront être envoyés à l'artillerie, au génie, au C. A., à l'armée, et y faire seuls autorité, afin d'assurer l'unité absolue de langage partout. Seul il aura le droit de baptiser les objets nouveaux. Il expurgera les bureaux et les P. C. des croquis contradictoires qui y pullulent, à la grande perplexité des nouveaux occupants, et les remplacera par un plan unique : le sien.

Du dressage de l'infanterie aux travaux de campagne. — Le rendement des travailleurs d'infanterie passe du simple au triple lorsqu'ils ont été méthodiquement dressés, qu'ils sont correctement mis en chantiers, et qu'ils sont surveillés par des gradés compétents. Ce dressage et cette compétence, trop souvent rudimentaires, ne demandent pourtant que 15 jours de bon travail dans un cantonnement de réserve : l'*École de sape* réglementaire en donne tous les moyens. Il suffit d'en extraire la dizaine de pages qui décrit la formation des ateliers, puis la disposition et le rôle de chaque terrassier en tranchée et en sape à une ou deux formes.

Mais il faut exiger que ces prescriptions minutieuses soient connues presque par cœur et exécutées à la lettre : on aura à vaincre l'inertie des gens habitués à leur routine ou à leur fantaisie, mais on sera surpris du résultat.

Il faudra encore doter l'infanterie de tous les outils dont l'école de sape, qui s'y connaît, exige l'existence : notamment des dragues et des outils à manches courts.

En somme, les travaux à demander aux fantassins sont en nombre très limité : quand ils savent exécuter, sans hésitation, un type normal de **boyau**, de **tranchée de tir**, un **épaulement de mitrailleuse**, un **abri couvert** et un **abri-caverne**, quand ils ont appris à **déboucher** et à **travailler en sape**, leur instruction est à peu près complète. Les variantes du type normal, dans les cas exceptionnels où l'on aurait à les employer, seront ensuite faciles à obtenir.

Rédaction des comptes rendus sur l'avancement des travaux. — Il faut prendre pour règle de ne faire état dans les comptes rendus que des **travaux terminés**. La crainte d'être critiqué pousse souvent, pour montrer qu'on n'a pas perdu son temps, à énumérer tous les travaux ébauchés. Ceux-ci, immédiatement reportés sur les plans par des É.-M. impatients, sont bientôt considérés comme existants ; et cette confusion peut avoir des conséquences meurtrières : on a vu ordonner de bonne foi le mouvement d'un régiment par un unique boyau dont certaines sections étaient inexistantes ou avaient 50 centimètres de profondeur. Quand une unité a entamé quelque chose sans avoir pu l'achever, son chef doit avoir la force de caractère de remettre un croquis «néant» et de dire pourquoi — ne manquât-il que quelques décimètres pour que le boyau ou l'abri ordonné ait les dimensions nécessaires. Ainsi il n'induira pas ses chefs à faire fond sur de l'irréel.

Le travail de la terre est un travail de précision qui ne souffre pas d'à peu près. L'activité d'une troupe doit se mesurer en mètres cubes et non en planimétrie nouvelle portée sur un croquis avantageux. En fortification plus qu'en toute autre chose, on ne se «débrouille» qu'au détriment du temps ou de la qualité. **Sauf au cours même d'un combat**, il faut donner à un travail ses dimensions régulières et définitives avant d'ébaucher le suivant : l'oubli fréquent de ce principe fait perdre beaucoup de temps.

Précision du langage. — Valeur exacte des mots.
— Apprendre aux cadres à employer les termes de fortification avec leur vraie valeur est une partie importante de leur instruction. Les armes spéciales ont le culte de la nomenclature et s'en trouvent bien. L'infanterie s'abandonne davantage et considère volontiers comme esprits étroits ceux qui se montrent soucieux de la terminologie. Pourtant, si des expressions comme **sape ordinaire, sape profonde, sape russe, sape couverte** impliquaient partout, comme il se doit, non seulement des objets précis, mais aussi leur procédé d'exécution et *leurs dimensions normales*, tout le monde s'entendrait beaucoup mieux : c'est ce qui arrive dans le génie, où le simple énoncé de l'ouvrage à faire se suffit à lui-même sans autre explication — comme si l'on commandait «Colonne de compagnie» ou «Ligne de sections par quatre».

Il faut donc appeler les choses par leur nom ; ne pas dire, par exemple, **route** pour **chemin**, **boyau** ou **sape** pour **tranchée** ou **parallèle**, **créneau** pour **meurtrière**, **traverse** pour **paréclat**, **plan** ou **carte** pour **croquis**, **distance** pour **intervalle**, **réserve** pour **renforts** ou **soutiens** — comme on le fait constamment.

Tous ces mots ont des sens exclusifs qu'il faut faire respecter, afin d'avoir des comptes rendus sans ambiguïté. De même, on emploie beaucoup trop les expressions : **1re ligne, 2e ligne, secteur, sous-secteur**, dans des sens tantôt larges tantôt restreints qui leur ôtent toute valeur claire.

Des dimensions normales des travaux de fortification. — Aucun document formel n'ayant remplacé **l'Instruction sur les travaux de campagne**, implicitement abrogée, il n'y a plus, à proprement parler, de dimensions normales imposées aux travaux courants de l'infanterie.

C'est un très grand tort.

Tout en autorisant d'avance toutes les dérogations motivées que peuvent ordonner les officiers, il est essentiel de dresser le fantassin à exécuter automatiquement un **type unique et impératif** de ses quelques usages usuels. Ce dressage doit être uniforme sur tout le front et dans tous les dépôts de l'arrière. L'ère des tâtonnements étant terminée, l'expérience permet d'édicter maintenant les **dimensions fondamentales** qui sont les meilleures : elles doivent être **connues par cœur** et sur le terrain, exigées à 5 centimètres près par des S. O. armés de mesures en bois.

Il faut convaincre tout le monde que 70 centimètres

n'est pas égal à 80. Cette exigence ne doit pas paraître plus excessive que pour les autres mouvements de l'école du soldat : grâce à elle, le soldat aura dans la main et dans l'œil sa tranchée, son boyau ou son abri; il connaîtra d'avance l'étendue inéluctable de sa tâche et ne marchandera pas à l'exécuter, comme il le fait régulièrement lorsqu'il est en face de dimensions élastiques ; il terminera plus vite; l'instruction donnée dans les dépôts portera ses fruits sur le front; l'emploi d'hommes et de S. O. nouveaux sera sans importance, puisque le maniement de l'outil sera devenu aussi machinal que celui de l'arme : ici, il ne s'agit pas pour l'homme d'être intelligent, mais simplement de remplacer la charrue-automobile à creuser les tranchées, que nous n'avons pas encore.

Ce qu'il faut surtout éviter, c'est d'instruire le fantassin au polygone de ce qui est bien, puis de lui faire exécuter sur le front, pour gagner du temps, des travaux réduits, moins soignés, moins défilés, moins habitables que ceux dont on lui a fait reconnaître les qualités : il perdrait ainsi cette confiance dans son terrain d'attaque, qui est un des facteurs de la victoire. Il n'attendrait aucun succès certain d'une préparation, qu'à des indices évidents, il jugerait bâclée.

Le temps nécessaire à l'aménagement complet et parfait d'une zone d'attaque est un facteur brutal qu'on n'escamote pas et qu'on n'asservit pas. Il faut l'évaluer froidement et s'y soumettre. Faute de quoi, on cueille un fruit vert au lieu d'un fruit mûr et l'estomac s'en ressent.

Les boyaux de communication. — Les instructions fixent à 2 mètres la largueur des grands boyaux d'arrière, à 1 mètre celle des boyaux plus avant et à 2 mètres leur profondeur. Un boyau qui n'a pas le minimum de 0 m. 90 de large au fond est voué aux embouteillages. Il ne faut jamais tolérer une largeur moindre, il faut donc les attaquer en principe à 1 m. 10, ce qui permet de donner un peu de fruit et d'avoir 1 mètre ou 0 m. 90 au fond, selon la tenue de la terre.

Bermes. — L'École de sape prescrit que les terres sont toujours rejetées ou refoulées de façon à aménager une berme de 0 m. 30 de chaque côté des sapes ou tranchées. On doit respecter cette sage mesure, qui prévient les éboulements; elle procure, en outre, une petite plateforme où des occupants stationnaires peuvent poser outils, sacs et fusils, et décongestionner le passage, s'ils viennent à être doublés. Enfin, une infanterie chargée ne peut sauter par-dessus une parallèle que s'il y a une double berme, et il faut prévoir les cas urgents où une troupe de renfort aura l'ordre de gagner la première ligne **sans prendre les boyaux.**

On aura soin de ménager cette berme au **fur et à mesure de la construction** et de ne pas s'illusionner à croire qu'on le fera après coup ou que d'autres s'en chargeront.

Boyaux d'adduction et d'évacuation. — Il ne suffit pas de les distinguer par des flèches sur les plans; il faut, sur le terrain, des écriteaux dissemblables, perceptibles la nuit, lettres noires sur fond blanc pour les premiers, lettres blanches sur fond noir pour les seconds (ou bien écriteaux carrés, ronds, triangulaires). Des gardes-boyaux énergiques assureront l'exécution rigoureuse des consignes et ne permettront la circulation à contre-sens qu'à des isolés qualifiés. Généralement, ces sentinelles manquent aux endroits utiles, ou bien elles acceptent le fait accompli, dans l'impossibilité où elles sont d'y remédier sans imposer à la troupe dévoyée un détour presque impraticable. La solution est de construire les boyaux d'évacuation **latéraux aux boyaux d'adduction** et à 30 ou 40 mètres au plus d'eux (contrairement au schema réglementaire). Des sentinelles jumelées AA', BB', placées **de 2 en 2 kilomètres** environ, se renverront les corvées fautives par des portions de parallèles créées ou élargies à cet effet, et les remettront dans le seul sens autorisé, sans qu'il en résulte une longue perte de temps.

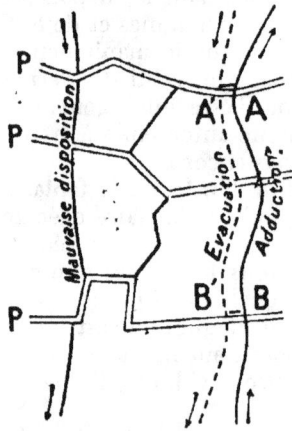

Si on constituait AA' BB' en postes avec téléphone, on pourrait les faire fonctionner comme **Block-system** et suivre, à tout moment, la situation des moindres unités engagées dans les boyaux.

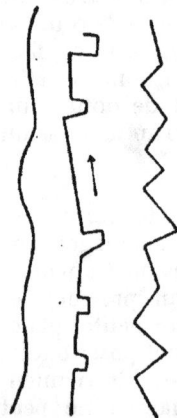

Tracé des boyaux. — Quand on utilise des boyaux anciens pour faire un grand central, on ferme parfois les yeux sur les défauts de leur tracé : soit, mais il ne faut cependant pas tolérer, par exemple, des lignes droites de 50 ou 100 mètres sur une pente descendante vers l'ennemi : une mitrailleuse bien placée montre vite pourquoi. Quand on veut aller trop vite, quond on taille au sentiment, sans piquetage et sans boussole, on obtient généralement un tracé presque droit à ondulations très aplaties : c'est le seul qui joigne à tous les inconvénients du tracé rectiligne celui de ne pouvoir être défendu par des flanquements intérieurs, il a donc tous les défauts et aucune qualité,

Les seuls tracés acceptables sont le **tracé à crémaillère**, facile à disputer en cas d'invasion (en organisant préalablement les traverses) et le tracé en zig-zag, qui procure peut-être un meilleur défilement. Le premier sera préféré pour les boyaux d'adduction, parce qu'il est plus souple et que, suivant le temps dont on dispose, on fera plus ou moins de traverses. Le second conviendra mieux à l'évacuation, les brancards y tournent plus facilement.

Il ne faut jamais donner comme boyau continu un tracé tel que DABC, empruntant une portion, même minime, d'une parallèle. Outre qu'en A on peut par erreur aller à gauche et en B, continuer tout droit vers E, le débit du boyau peut être fort ralenti par la présence de troupes occupant le parallèle. Et il ne faut point oublier *que le débit d'un boyau,* si large fût-il, *n'est jamais égal qu'à celui de son point le plus difficile* (passage en souterrain sous une route, passerelle, trou inondé, etc...). On creusera donc un raccord A C.

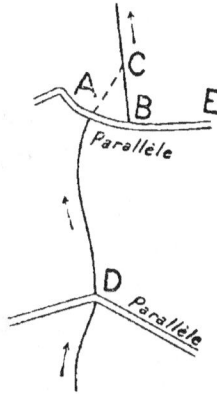

Piquetage et hectométrage des boyaux. — La construction d'un boyau doit être précédée d'un piquetage **et d'un hectométrage**, le second obligatoire comme le premier dès le début du travail, l'hectométrage est une économie de temps : seul il permet de formuler nettement les ordres ultérieurs pour la conduite et l'achèvement du travail. Autrement les corvées se placeront la nuit n'importe où et creuseront au hasard, sans qu'il soit possible de vérifier ce que chacune a fait.

Étiquetage des boyaux. — A tous les croisements, il faut, par boyaux, deux solides écriteaux bien enfoncés dans la berme, et hors d'atteinte de heurts involontaires. Leur emplacement n'est pas indifférent. Celui qui les plante doit se mettre successivement par la pensée à la place du piéton qui vient de A, puis de celui qui vient de B et tout disposer pour que les écriteaux **s'imposent** à leur regard.

Souvent de grands boyaux ne sont dénommés et étiquetés que jusqu'à une parallèle G au delà de laquelle ils sont doublés, quadruplés par d'autres, qui les absorbent dans leur numérotage spécial. C'est une faute. Le boyau B doit garder son nom jusqu'à la parallèle de départ A,

parce qu'il constitue un repère important dans le décou-
page du terrain.

Outre l'étiquetage, un procédé simple permet de ne pas
confondre un boyau principal et tous ceux qui s'y gref-

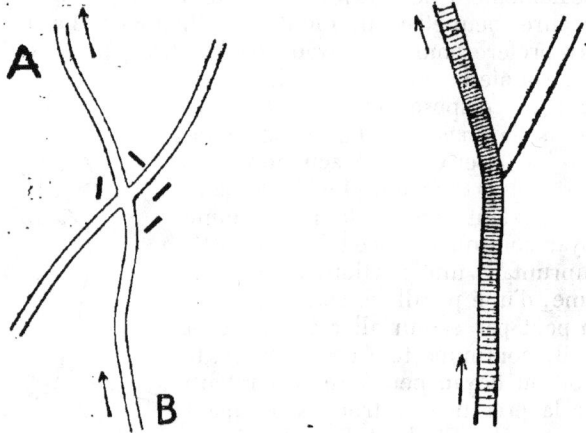

fent : C'est, partout où il y a croisement ou bifurcation,
de tenir le fond du boyau principal à 3o ou 4o centi-

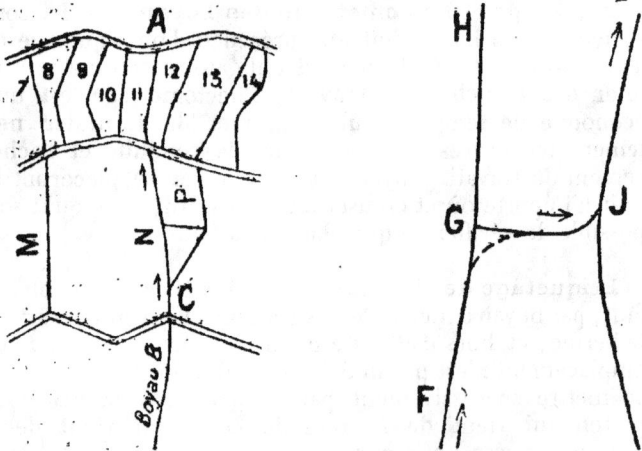

mètres plus bas que celui du boyau dissident. On saura
alors que, si on monte une marche, on sort de la bonne
direction. On sera ainsi guidé pendant plusieurs kilomètres, sans pouvoir « dérailler ».

De même, à un coude à angle droit G on substitue avec

quelques coups de pioche un petit arc de cercle, qui éveillera le sentiment de la continuité.

Ces petits travaux préviendront bien des erreurs.

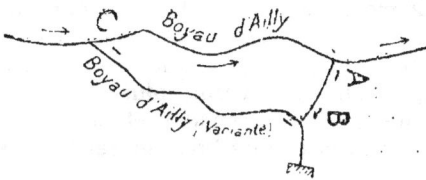

Dans le cas de la figure ci-contre, on écrira en A, B, C : boyau d'Ailly (variante).

Conduite du travail. — Un travail neuf doit toujours être amené du premier coup à sa profondeur définitive ; on le fera plutôt moins étendu.

L'amélioration d'un long boyau inégalement ébauché en ses différentes parties donne en effet trop facilement matière à la paresse et à l'art de perdre son temps. En tout cas, l'officier doit, pendant qu'il fait jour, montrer minutieusement à chaque chef d'atelier le morceau qui lui revient, le lui faire marquer à lui-même, déterminer les effectifs de chaque atelier, puis, la nuit venue, les former et les envoyer successivement.

Les hommes doivent avoir mangé avant de partir, car l'arrivée de la soupe vers minuit est le prétexte immanquable de l'abandon du travail.

Entretien quotidien des boyaux. — Les seules difficultés sont de bien définir à qui incombe l'entretien de telle ou telle partie et de n'ordonner que les besognes exécutables : on retrouve la nécessité d'un plan exact et de boyaux hectométrés. Le procédé à employer est le travail à la tâche, par très petites équipes, distantes chacune de 100 à 300 mètres et attaquant en même

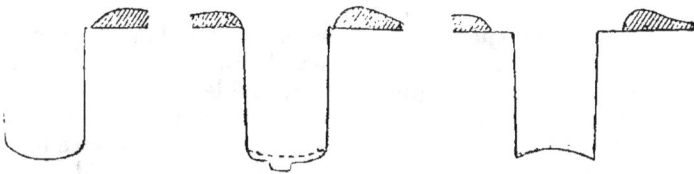

temps toute la longueur du boyau. Quand on met 25 hommes ensemble au commencement d'un boyau, ils perdent leur temps, se déplacent peu et n'arrivent jamais jusqu'au bout.

Le terrassier abandonné à son instinct fera le fond

3..

du boyau **concave** : la boue viendra donc au centre, les pieds ramolliront le milieu plus que les bords; les nettoyages ultérieurs continueront à creuser là où il y a de la boue et on aura finalement au milieu du boyau un chapelet de trous qui rendront le parcours insupportable. J'insiste sur ce détail parce que pendant une période de travail intensif en première ligne, avec relève de travailleurs chaque nuit, j'ai perdu plus de monde par des entorses que par les grenades et bombes qui étaient pourtant **abondantes** : une entorse rend indisponible un mois.

Le remède préventif est d'exiger que le fond du boyau soit tenu **très légèrement bombé,** comme d'ailleurs on fait le profil en travers des routes, on ne doit pas admettre d'autre forme.

Escaliers, gares, passerelles. — On prend trop rarement le temps d'obéir aux instructions qui prescrivent de faire des gares assez fréquentes et des escaliers pour monter en plaine. Ces derniers seront obligatoires aux croisements avec d'autres boyaux ou parallèles. C'est là en effet que le défilé peut se trouver interrompu ou ralenti. Deux escaliers et une passerelle permettent, la nuit, de maintenir la vitesse d'écoulement ou tout au moins de ne pas l'annuler.

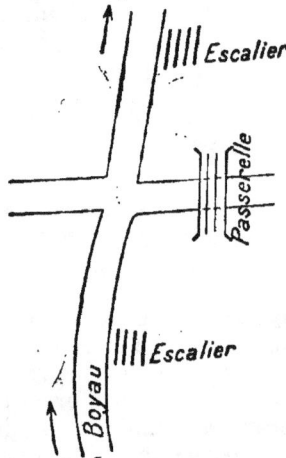

Faire des passerelles pour piétons sur tous les boyaux qui croisent un boyau important revient à le **doubler** d'un sentier praticable la nuit, le boyau ne servant plus alors que de fil conducteur. On gagne ainsi beaucoup de rapidité pendant les accalmies de l'artillerie ennemie.

Boyaux spéciaux. — On pourrait réduire à 70 centimètres la largeur des *boyaux de commandement,* mais il sera toujours pratiquement impossible de les réserver aux agents de liaison et aux officiers, à moins d'une dépense exagérée de sentinelles; il vaut mieux employer ce temps à avoir un boyau de plus, plus court, mais normal,

On peut chercher à égarer le tir de l'artillerie ennemie sur de *faux boyaux :* il suffit qu'ils soient creusés à 3o centimètres de profondeur et avec des arêtes vives, pour être recueillis comme les autres par les clichés aériens de l'ennemi.

Les *boyaux défensifs* sont, en somme des tranchées de

tir qui ne font pas face à la direction générale de l'ennemi et qui ne sont destinés à servir au tir que dans certaines hypothèses à ne pas souhaiter. Il suffira de noter que les abris à prévoir pour leur garnison ne doivent jamais être dans le boyau même, mais dans des places d'armes annexes très voisines, afin de supprimer d'avance toute cause d'entrave à la circulation.

D'ailleurs, en général, les garnisons des parallèles, souvent trop serrées, ont tendance à déborder dans les parties voisines des boyaux et à y creuser, par initiatives individuelles, des abris et même des niches à munitions. Il faut faire reboucher impitoyablement tout ce qui est cause de stationnement, donc de ralentissement des passants : un boyau est un couloir *nu*, sur lequel ne doivent s'ouvrir que d'autres couloirs.

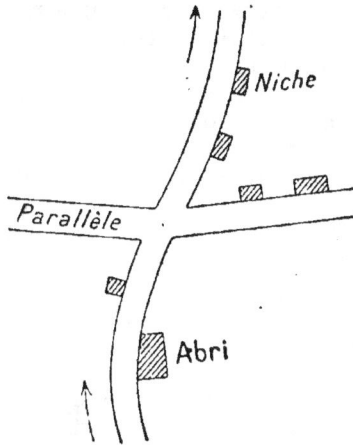

Tranchées de tir. — J'insisterai beaucoup moins sur les tranchées de tir que sur les boyaux parce qu'on peut, à la rigueur, vivre, tirer et résister dans des tranchées quelconques, tandis qu'on ne peut pas bien circuler dans des boyaux mal faits ou mal tenus.

Ceci posé, il vaut mieux évidemment que la tranchée soit bonne : le meilleur type me paraît être la tranchée

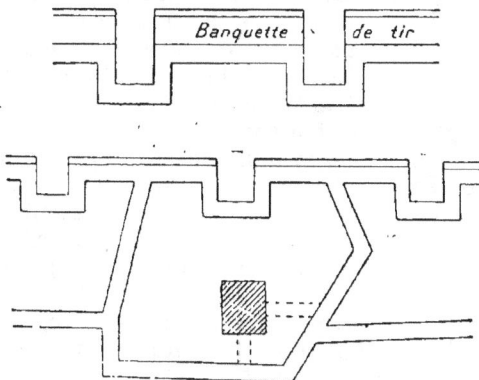

avec banquette de tir pour cinq ou six tireurs, entre deux traverses de 2 mètres d'épaisseur : derrière le tout,

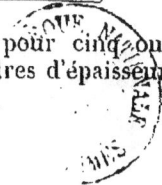

circule un couloir de surveillance plus profond, de 1 mètre de large.

Un autre type donne à la tranchée du tireur la largeur minimum (70 centimètres) afin qu'il soit mieux abrité ; à 15 ou 20 mètres en arrière, une deuxième tranchée de 1 mètre de large contient les abris et sert à la circulation.

Le premier type exige que notre infanterie soit aussi bien dotée d'outils de charpentiers et de matériaux de boisage que l'ennemi. Le deuxième est plus long à établir.

L'essentiel est que l'on choisisse un de ces types ou un troisième, qu'on en arrête les dimensions exactes et qu'on l'impose comme type normal dans les écoles de recrues et sur le front.

Des places d'armes. — Les places d'armes sont d'anciennes tranchées de tir devenues, 2°, 3°, 10° parallèles et organisées pour des séjours de plusieurs jours ou bien de petits éléments creusés spécialement pour garer des compagnies pendant de courts stationnements et où les hommes pourront simplement s'asseoir.

Même dans le deuxième cas, il faut un tonnelet d'eau et une feuillée par section ainsi qu'un P. C. où le capitaine puisse faire lumière et déployer une carte à l'abri de la pluie devant ses chefs de section.

Le plan indiquera le nom et la contenance des places d'armes.

Des postes de commandement. — L'autorité ne devrait jamais ordonner la construction de 100 ou 150 mètres de tranchées sans fixer ou se faire proposer l'emplacement du P. C. qui sera le cerveau du nouvel organisme créé. Il n'y a pas à s'occuper des postes des chefs de section, mais **les postes des Capitaines et Commandants** sont une partie capitale du jalonnement du futur champ de bataille. Destinés à être les étapes et les repères de toute pensée agissante pendant l'action, à devenir peut être, au cours de l'avance, des P. C. provisoires des colonels ou généraux, ils seront placés judicieusement près des grands boyaux, répartis avec une densité suffisante et situés dans des conditions de clarté telles que tout occupant, capitaine ou général, puisse s'y installer et immédiatement « donner son adresse » sans la moindre ambiguïté : à cet effet, ils seront baptisés de lettres ou chiffres d'une série unique par secteur ou sous-secteur (par division), ils seront signalés sur le terrain par de grandes affiches répétant cette lettre ou chiffre et marqués sur les plans par un signe conventionnel prépondérant.

Mêmes règles pour les observatoires d'Artillerie.

On aura ainsi jeté sur le terrain un certain nombre de «points de triangulation de 1er ordre», distants de 150 à

200 mètres au plus dans la zone avancée, pouvant être retrouvés par tous les gradés d'une division, et par rapport auxquels on énoncera assez facilement un point quelconque du terrain sans commettre une erreur trop grande.

Les P. C. des Capitaines auront un autre rôle : Il faut les flanquer obligatoirement : à 20 mètres à droite d'un dépôt d'eau, vivres, outils et sacs à terre; à 20 mètres à gauche d'un abri étanche pour cartouches, grenades et fusées.

La simple inscription : P. C. n° 18, lue sur un plan, signifiera tout cela; et ainsi, une troupe ne sera pas dépourvue de tout espoir de ravitaillement parce qu'elle combattra inopinément sur un terrain qu'elle n'aura pas reconnu d'avance. Ce qui, malgré tout, est un cas fréquent.

Dès qu'une troupe d'assaut a joué tout ou partie de son rôle, dès qu'elle est butée contre une résistance momentanément insurmontable, aussitôt ses demandes refluent vers l'arrière «Nous tenons, nous tiendrons! mais envoyez-nous des grenades, des fusées, des sacs à terre, etc.» Lorsqu'on a une fois ressenti la douleur de ne pouvoir y donner satisfaction, faute de mettre exactement la main sur ce matériel, qu'on savait pourtant exister quelque part en 1re ligne, on n'admet plus le moindre flou dans cette partie de la préparation.

C'est donc l'autorité très supérieure qui doit homologuer les P. C. dépôts de matériel des Capitaines, et le topographe divisionnaire est responsable de l'exactitude avec laquelle son plan les fait connaître à tous.

Les P. C. étant ainsi des nœuds importants, — et non pas, comme on les considère trop, de simples abris de capitaines, dont l'emplacement n'intéresse que leurs hommes et leur commandant — ils doivent être munis organiquement de certains objets : une table, un tonnelet d'eau, une lampe, pétrole et bougies, un périscope, des casiers, un appareil respiratoire un rideau de toile huilée, etc. Tout ce matériel y sera placé dès la création du poste et non distribué en partie la veille de l'attaque aux commandants de Compagnies, qui ne disposent plus à ce moment d'un seul homme pour le porter. D'où gaspillage.

Dans chaque P. C., un registre fixe, imprimé, d'un modèle uniforme, servira aux passages des consignes et du matériel, comme dans les postes du temps de paix.

Des dépôts de matériel. — L'organisation des dépôts de matériel est variable et compliquée. Il y souvent toute une cascade de dépôts de secteurs, sous-secteurs, régiments et bataillons, avant d'arriver à la compagnie, seul organe travailleur. Chaque échelon se constitue prudemment une réserve; finalement une partie seulement du matériel arrive à ceux qui peuvent le mettre en valeur ; d'où perte d'effet utile.

En temps normal, il suffit qu'il y ait un dépôt central de sous-secteur et les dépôts des P. C. des Capitaines. Car les Compagnies sous les plus fortes unités qui puissent pratiquement **rassembler, compter et se passer leur matériel au cours d'une relève.** Il est inutile que les chefs de bataillon et au-dessus détiennent du matériel non distribué, puisque ce n'est pas eux qui peuvent s'en servir : il suffira qu'ils prescrivent au jour le jour tous passages utiles entre compagnies ayant des rôles différents à jouer.

Ainsi le matériel sera sans cesse ramassé et inventorié en un nombre fixe de points connus (les P. C. des capitaines) et nulle part ailleurs : il se gaspillera moins. Et les jours d'attaque, on ne risquera pas de n'en découvrir une partie qu'après la bataille, dans des cachettes ignorées.

En vue d'une attaque, les dépôts de sous-secteurs deviendront plus nombreux, plus rapprochés et plus garnis. Ils ravitailleront alors directement les troupes engagées et non plus les P. C. des capitaines, comme pendant la période de préparation.

Des dépôts d'eau. — Si un dépôt d'eau commun à plusieurs bataillons a été constitué en plaçant *jointifs* une vingtaine de demi-muids ou voitures citernes, on a des bousculades homériques et une mare. Il faut *10 pas* au moins *entre chaque baril* et un énergique chef de dépôt. Le plan indiquera ces dépôts avec précision.

L'adduction d'eau par tuyaux est toujours préférable au charriage.

Du téléphone. — Le problème des téléphones est un des rares qui n'ont reçu, depuis le commencement de la guerre, aucune solution satisfaisante. L'échec est complet : on a presque décuplé les dotations des régiments en appareils et téléphonistes et, au véritable moment du besoin, tout est invariablement coupé à l'avant. Le dévouement des téléphonistes n'aboutit qu'à rétablir de rares et fugitives communications. Et cependant il faudrait, **non seulement que le téléphone ne fît pas faux bond en arrière de la tranchée de départ, mais qu'il suivît même les troupes d'assaut.** J'indique seulement l'étendue du problème, sans avoir la prétention de le résoudre : il ne le sera peut-être que par la **téléphonie sans fil.**

Cependant quelques soins pourraient déjà améliorer au moins le **service** de tous les jours : d'abord, il faut prêcher davantage le **respect, le culte des fils téléphoniques** : actuellement, on voit des corvées entières passer indifférentes à côté d'un fil qui traîne, jusqu'à ce qu'un plus maladroit se prenne les pieds dedans et se dégage brutalement en le cassant. Il ne réfléchit pas qu'il brise peut-être en même temps plusieurs vies humaines, en empêchant le **réglage d'un tir de barrage** ou de riposte. Tout gradé devrait avoir dans sa poche quelques **agrafes ou clous** de cavaliers, pour pouvoir fixer provisoirement **hors** d'atteinte un fil tombé qu'il rencontre.

Il faut mettre les fils d'artillerie à droite et **les fils** d'infanterie à gauche; les mettre assez haut pour ne pas être accrochés par des hommes qui circulent la nuit, chargés et lassés; établir très solidement les passages par-dessus d'autres boyaux, etc.

Dans les régiments l'**officier téléphoniste** est généralement employé à autre chose; les équipes, lorsqu'elles ont établi une nouvelle ligne, se constituent les plantons du nouveau poste et n'en bougent que s'il y a rupture. Sauf pendant les attaques, les postes ne doivent au contraire contenir qu'un seul téléphoniste et des veilleurs prêtés par l'unité voisine; le reste de l'équipe doit s'employer en principe dehors, à améliorer constamment les lignes établies : il y a toujours à faire. Il faut relever tous les vieux fils, afin que les réparateurs ne perdent pas leur temps à soigner des morceaux de lignes qui n'ont ni tenants ni aboutissants.

Pour cela, des plans spéciaux, à la diligence du **topographe divisionnaire**, feront connaître le cheminement exact des seules lignes à entretenir.

On observe qu'au départ des grands boyaux, les fils sont correctement fixés dans des rigoles, avec des agrafes tous les 20 centimètres; quant on approche du front, on n'en voit plus que tous les mètres ou tous les 2 mètres, et il n'y a plus de rigoles. C'est cependant là que les fils seront le plus exposés aux injures des obus et des passants. Puis, les meilleurs appareils sont gardés à l'arrière, ceux des postes de capitaines sont toujours jugés assez bons.

Enfin, on monte toujours beaucoup trop d'appareils en série sur un circuit continu; toute conversation est entendue à la fois par 8 ou 10 autres postes qui, pendant ce temps, ne peuvent parler entre eux. Ce n'est que gênant dans le service courant, mais, en cas d'événement grave, cela équivaut à la suppression du téléphone : car alors tout le monde parle à la fois et c'est une cacophonie inextricable. Il faut donc multiplier les centraux et ne mettre que 3 ou 4 appareils sur une même ligne.

Le parallèle de départ. — Quand on a poussé des sapes d'approche, tous les 20 mètres par exemple, en avant de la tranchée de 1ʳᵉ ligne, il ne faut pas croire qu'il suffit d'une nuit pour relier les têtes de sape par une parallèle bien agencée. Ce ne serait vrai que si on pouvait l'exécuter en tranchée, alors que le tir et les grenades de l'ennemi obligent communément à travailler en sape.

Un écueil souvent méconnu est qu'en reliant les têtes de sapes, on obtient généralement une ligne brisée **analogue** à la tranchée de 1ʳᵉ ligne. Ce **tracé** était **excellent** pour celle-ci à cause des flanquements qu'il procurait. Mais la condition première de tous les petits éléments composant la parallèle de départ est de *faire face à l'objectif*, car la troupe d'assaut, qui en sortira, ira instinctivement droit devant elle. Il y a donc un ajustage assez difficile à bien faire en agissant sur la longueur des sapes : des métrages précis et l'emploi constant de la boussole donneront seuls le résultat.

L'azimut des éléments de parallèle de départ différera de 9° de l'azimut de la direction générale de l'attaque, lequel doit être donné à tous les porteurs de boussole pour le cas où la poussière, la nuit ou le brouillard déroberaient la vue de l'objectif.

Le profil de la parallèle de départ ne doit pas être celui d'un boyau avec quelques mauvais gradins de place en place, ou des niches à pieds : mais bien celui d'une étroite tranchée avec banquette un peu surélevée, courant, sans traverses, sur toute sa longueur ; ainsi seulement la vague pourra déboucher alignée, les hommes à peu près à un pas.

Pour éviter qu'un mort ou blessé avant l'assaut ne gêne la mise en place de toute une demi-section, on doit ménager dans les sapes et parallèles de tête quelques niches d'évitement où ils seront garés provisoirement.

Le Major d'attaques. — Il est nécessaire que chaque division aménage elle-même le terrain sur lequel elle combattra et qu'un officier supérieur (chef de bataillon ou lieutenant-colonel), pris dans la troupe, y ait pour unique mission d'assurer l'application des principes qui précèdent et sans doute de quelques autres qui m'échappent. Je dis à dessein principes et non détails, pour bien marquer qu'à l'origine de chacun de nos demi-succès ou abandon de succès acquis, on peut montrer l'ignorance ou le mépris de quelques-uns d'entr'eux. Je ne veux pas dire qu'ils feront gagner à coup sûr, mais seulement que ce sont des atouts indispensables à mettre dans son jeu.

Cet officier supérieur, qu'on peut appeler le *major d'attaques* secondera en permanence le général, sans cependant être son chef d'É. M. : il mettra à profit l'utile mouture de l'indispensable moulin bureaucratique, sans s'immobiliser à être un de ses rouages. Il le faut d'esprit positif et investigateur, champion des réalités, du bon sens et de l'application pratique. Chargé de surveillances un peu terre à terre, mais qu'il aura l'esprit de ne pas dédaigner, il regardera en myope afin que son général puisse être presbyte et que tout ainsi aille bien. Ayant un pied dans la troupe et l'autre dans l'É. M., il fera le pont entre des éléments de commandement qui se comprennent encore mal et ignorent souvent leurs besoins mutuels. Plus facilement que le général qui ne voit guère que des gens au «Garde à vous», sinon «en garde», il tâtera le pouls à la troupe et saura ce qu'il lui faut et ce qu'elle peut donner. Sur le terrain et par délégation du général, il sera le lieutenant-colonel des régiments qui n'en ont plus, pour toutes les questions d'organisation qui intéressent simultanément ou successivement plusieurs régiments.

Il vérifiera le topographe divisionnaire et l'exécution pratique de tous les travaux. Il sera responsable de l'aménagement du terrain d'attaque.

L'attaque venue, il assumera le commandement des **unités territoriales** chargées des transports, des réfections de travaux détruits, etc., et règlera le **fonctionnement de combat des dépôts de matériel,** qu'il est si imprudent de confier à un médiocre organisateur.

De la rénovation des états-majors. — J'ai fait allusion plus haut à un sentiment assez général dans la troupe et que le lieutenant Bokanowski a ainsi exprimé à la Chambre le 3 novembre en interpellant le Président du Conseil : «Assurez-vous que les méthodes d'organisation et «d'instruction sont adaptées au but à atteindre ; que les «opérations sont préparées dans les É. M. par des officiers «qui connaissent la guerre moderne pour l'avoir pratiquée «en personne, pour avoir combattu comme officiers de «troupe.» (Applaudissements sur de nombreux bancs.) Ces applaudissements indiquent que les députés ont reçu beaucoup de confidences.

Il n'est pas du tout certain que les lacunes observées seraient comblées en remplaçant les officiers d'É. M. actuels par des officiers de troupe : car ceux-ci, tout comme leurs prédécesseurs, seront bientôt absorbés par le travail d'É. M. proprement dit et perdront la faculté d'aller acquérir sur les lieux mêmes et au sein de la troupe des certitudes personnelles sur les réalités. Sauf l'utilisation de quelques souvenirs et expériences vécues, il n'y aura pas grand'-chose de changé dans les bureaux. La faute n'en est pas au personnel mais à la nécessité de méthodes de travail qui, bien malgré eux, tiennent souvent les officiers d'É. M. : «Loin des gens, loin des choses.» Ils ne sont pas maîtres de s'en rapprocher.

Au contraire, le **major d'attaques,** et même le **topographe divisionnaire,** essentiellement officiers de troupe, exerçant leurs fonctions au milieu d'elle, pour elle, et voyant journellement le général et son chef d'É. M., établiront cette liaison intime qui a souvent fait défaut et qui seule peut montrer au commandement ce qui est possible et ce qui ne doit pas encore être tenté.

Il faut donc les mettre à l'ouvrage sans retard.

DEUXIÈME PARTIE.

DU COMBAT

Les précisions relatives à la meilleure manière de conduire le combat proprement dit sont beaucoup mieux connues et respectées que celles qui régissent la préparation du terrain.

La vivante étude du capitaine Laffargue a exposé avec une magistrale clarté la **doctrine** adoptée : ce que j'ai vu me porte à penser que *cette doctrine sort intacte de la nouvelle expérience du 25 septembre.*

Cette constatation abrégera ce chapitre de mes impressions personnelles ; mais c'est l'endroit de redire encore que si la vision superbe du capitaine Laffargue conduit nos troupes d'assaut irrésistiblement jusqu'au delà des dernières résistances, c'est qu'il les prend dans leur tranchée de départ en pleine possession de leur *cohésion*, de leur *esprit offensif*, de leurs *moyens matériels* et de leur *fraîcheur physique*. Si l'on n'a pas fait, sans marchander, tout le nécessaire pour qu'il en soit ainsi, on n'aura que des succès limités au prix de pertes qui ne le sont pas.

Cette profonde conviction exprimée, je n'aurai que quelques remarques à exposer.

De la préparation par l'artillerie. — Tout a été dit maintes fois sur la préparation par l'artillerie, dans laquelle il y a trois degrés : ce que l'É. M. promet, ce que l'infanterie espère, ce que l'artillerie donne. Les trois plaident d'ailleurs de bonnes raisons...

Sans entrer dans cet insoluble débat, je dirai seulement que **l'importance capitale des engins de tranchée** ne sera jamais assez proclamée. Les torpilles de 15 kilos ont l'effet moral des 155, celles de 50 kilos sont terrifiantes. Il faut travailler sans relâche à créer, — s'il n'existe déjà — un engin pouvant lancer des torpilles avec une précision de quelques mètres, à de *courtes distances* (50 à 100 mètres), s'accommodant d'un emplacement succinct, et n'ayant d'autre entrave à sa mobilité que le poids de ses munitions. La rapidité de la mise en batterie et surtout du nouveau réglage encourageant à des *déplacements journaliers*, pour échapper aux tirs de démolition.

Actuellement les bombardiers exigent un recul de 2 ou 300 mètres, ils se creusent des épaulements et abris compliqués où ils se figent et d'où ils n'envoient leurs torpilles dans la tranchée ennemie que par des coups heureux. La tranchée allemande, ayant souvent 2 m. 50 et 3 mètres d'évasement à la surface du sol, devrait être plus souvent atteinte qu'elle ne l'est.

Avec de tels lance-bombes tous les 75 ou 100 mètres dans notre tranchée de tête, il deviendrait presque superflu de faire tirer l'A. L. sur la 1re ligne ennemie.

Le corps de l'artillerie n'a encore adopté ces engins que comme des cousins pauvres. Un jour viendra peut-être où l'on verra les officiers les plus distingués de cette arme se passionner pour cette branche de leur art qu'ils abandonnent encore à des adjudants ou à des aspirants un peu sacrifiés. Rappelons à ce sujet qu'il a fallu des années pour que le tir des gros calibres se dégageât de l'ostracisme dédaigneux où étaient tenus jadis les bataillons d'artillerie de forteresse : seule l'artillerie de campagne semblait digne de l'élite ; puis un complet revirement s'est fait en faveur de l'artillerie de côtes et l'A. L. Souhaitons qu'il faille moins de temps pour que l'artillerie de tranchée connaisse la même fortune. Ce sera une rénovation qui *doublera la puissance de nos attaques.*

Liaison entre l'infanterie et l'artillerie. — Malgré les efforts considérables faits de part et d'autre, la dernière attaque n'a pas marqué à ce point de vue beaucoup de progrès sur la précédente. Le problème suivant reste entier : *faire connaître avec* **précision** *et* **rapidité** *à l'artillerie les points atteints par l'infanterie.*

Avant l'attaque, on avait préconisé et essayé beaucoup de moyens : havre-sacs à palettes blanches, fanions agités, fusées, flambeaux Lamarre, pigeons-voyageurs, avions se signalant d'une façon spéciale et recueillant les signaux de projecteurs portatifs, etc.

En attendant que l'un ou l'autre de ces procédés soit définitivement imposé et réellement pratiqué partout, il semble que, puisque la fumée ou la poussière empêchent l'artillerie de se rendre compte de loin jusqu'où va l'infanterie, *il faut que ses observateurs aillent y voir,* en suivant de leur personne et de très près les attaques des fantassins. Les renseignements vécus seront rapportés à des observatoires d'artillerie de 1re ligne blindés, d'où ils seront téléphonés par un fil enterré à l'observatoire du chef d'escadron.

Ce procédé conduira à attacher d'avance un nombre suffisant d'observateurs à chaque chef de bataillon et occasionnera quelques pertes : mais il sauvera des unités entières d'infanterie.

Emploi du génie. — L'insuffisance numérique du génie, tant pour la préparation du terrain qu'au cours du combat, n'est plus à démontrer.

Dès le départ des premières vagues, des unités du génie (au besoin territoriales), postées d'avance, doivent relier la parallèle de départ à la 1re tranchée ennemie. C'est, en effet, la seule solution de continuité à faire disparaître pour avoir partout des communications abritées. Il ne suffit pas que cet ordre soit donné d'une façon générale et exécuté où cela se trouve ; il faut que l'ordre d'attaque précise que tels et tels boyaux français seront *a priori* prolongés jusqu'à la tranchée conquise, afin que tout le monde le sache d'avance et en use dès le premier jour (par exemple, les observateurs « volants » dont il vient d'être parlé).

Des mitrailleuses. — La tactique des mitrailleuses dans l'offensive a besoin d'être précisée encore. Il faut résolument les jeter en majorité en toute première ligne : car elles ne valent que par le feu et il n'y a que là qu'elles peuvent tirer. En général, on attachera chaque section au sort d'une compagnie à désigner avant l'attaque : sauf rappel du commandant ou du colonel pour une mission spéciale, elles ne devront plus quitter ces compagnies. Si ces compagnies cessent d'être en 1re ligne, elles s'attacheront aux compagnies du même régiment qui les dépassent.

Les mitrailleuses ennemies non détruites constituent l'obstacle le plus terrible qui soit. Dans la plupart des cas, c'est folie que d'espérer passer quand même. La solution ne peut être demandée qu'à un supplément de préparation d'artillerie, ou, dans d'autres cas, à une destruction par des **contre-mitrailleuses** (canons de 37, de 80 ou artillerie de tranchée). Ces solutions ne s'improvisent pas sur le terrain en essayant de récupérer et de pousser en avant les engins installés pour l'attaque de la 1re ligne. Il faut prévoir des groupements spéciaux de contre-mitrailleuses, tenus haut le pied et jusque là intacts.

Du chargement du fantassin au combat. — Nous avons le fantassin le plus agile du monde, et voici que les modalités de cette guerre nous obligent à le charger comme jamais, et à le rendre aussi lourdaud qu'un Teuton ! Et cependant il lui faudrait encore le **bidon de 2 litres** en aluminium et, en outre, un petit **bidon de poche** pour l'alcool ou l'essence de café (un modèle simple et pratique existe dans le commerce) : car les compagnies d'attaque luttent souvent en enfants perdus pendant 2 ou 3 jours et ne reçoivent rien. Il faut qu'elles combattent la faim, la soif, le froid, la pluie et l'ennemi avec ce qu'elles ont apporté sur leur dos.

Au lourd chargement personnel déjà si contraire à l'exploitation des qualités de la race, voici qu'il faut ajouter encore mille encombrants suppléments: 1 musette et 5 grenades par grenadier, 1 ou 2 grenades et 2 sacs à terre par homme, des baïonnettes de tranchée, des brownings, des fanions, des fusées emmanchées, des flambeaux Lamarre, des lanternes de signaleurs, des outils de parc à manches courts, etc., certains ordres prescrivent même d'emporter des claies ou des échelles pour jeter sur les boyaux ennemis.

Plus la guerre se complique, plus il faut de matériel au fantassin et alors on se demande si on ne verra pas réapparaître le valet d'armes de jadis, ombre du guerrier armé, auquel il portera tout ce qui lui est nécessaire pour la lutte.

Sans aller encore jusque-là, il est permis de désirer que chaque section comporte 3 ou 4 escouades de fusiliers et une escouade de spécialistes : ceux-ci, carrément déchargés de l'armement usuel et se contentant d'un revolver ou d'un mousqueton, afin d'être tout entiers au maniement de leur engin spécial.

Il est à remarquer que, dans le désordre des combats, ce sont toujours les objets supplémentaires occasionnels dont les hommes se débarrassent d'abord: et c'est ainsi qu'on n'a jamais fusées, fanions, gros outils, appareils Filloux, etc., lorsqu'on en a besoin. Au contraire, si certains hommes sont spécialisés de longue date et que cela comporte une différence de tenue, ils sont très jaloux de leur matériel particulier.

De l'effectif des compagnies. — Personne n'a jamais été d'accord sur ce qu'il convient d'appeler proprement: nombre de fusils d'une troupe; certains É. M. ont même complètement renoncé à demander sous cette forme la situation d'effectifs, ils préfèrent avoir le nombre des «présents» administratifs et le diminuent arbitrairement de 10 ou 15 p. o/o.

Si, pour respecter les réalités, on appelle seulement «fusils» les hommes d'une compagnie qui prendront part effectivement au feu, défalcation faite par conséquent des gradés qui les commandent, des agents de liaison, des porteurs de matériel encombrant et spécialistes, des non-valeurs qui devraient compter à la C. H. R. et n'y sont pas, des hommes laissés au T. C., etc., on arrive à dégager la seule évaluation utile, celle qu'aucune situation d'effectifs n'a jamais donnée.

Pour fixer l'effectif d'une compagnie, il conviendrait de lui assurer tout d'abord **48 fusils par section**, au sens que je viens de dire, puis de compléter — certaines spécialités pouvant d'ailleurs fort bien être remplies par des territoriaux.

En opérant autrement, on a fréquemment des mécomptes

d'un bon tiers dans l'effectif réel qu'on croit avoir affecté à des travaux, à une attaque ou à une défense.

Rôle et engagement des vagues d'assaut. — Cette réflexion s'applique *a fortiori* au cas des compagnies qui doivent laisser une section de **nettoyeurs de tranchées**. Le capitaine ne reverra guère ces hommes avant le lendemain. La désignation doit en être faite d'avance à raison de 2 ou 3 hommes par escouade. Le difficile est qu'aucun autre homme n'entre dans la tranchée conquise, où du butin de toute sorte sollicite le vainqueur.

L'effectif des vagues (qu'il y en ait 2 ou 3) doit être calculé d'abord en tenant compte de tous ces déchets, puis de pertes importantes par le feu, et il faut bien savoir aussi qu'il y aura des défaillances individuelles partout où les officiers tomberont.

Malgré tout, la *1re ligne d'attaque doit être assez forte pour arriver jusqu'à la 2e ligne ennemie et pouvoir l'attaquer, avant que de nouveaux renforts soient arrivés.*

Si les vagues sont trop rapprochées au départ, elles se confondent bientôt et *le point où elles se joignent marque souvent le terme de leur progression :* car, dans la marche en avant, le rôle des 2e et 3e est surtout de **donner à la première la sensation très nette qu'elle est soutenue.** L'âme du troupier est ainsi faite : s'il n'avance plus ou recule, ce n'est pas proprement parce qu'il a peur, c'est le plus souvent, parce qu'il est ou se croit lâche ; c'est la seule chose qui le révolte ou l'abat. Tout doit donc être combiné pour créer autour de lui une atmosphère de continuelle confiance dans les autres : il a besoin de sentir constamment qu'on vient derrière lui, qu'on pense à lui, et qu'il n'est pas seul à souffrir. Dès qu'il en doute, il se terre et attend.

De la disposition des troupes d'attaque. — Pour cette raison et d'autres, l'unité de commandement en profondeur doit être conservée, **chaque fois qu'il n'y a pas une raison impérieuse de faire autrement.** Ce principe doit régir le régiment et, si possible, le bataillon. Si, conformément à un des schémas Laffargue, on veut consacrer 3 régiments à constituer 3 vagues, chaque régiment recevra obligatoirement le 1/3 du front de la D. I. et le front de chaque régiment sera encore scindé entre 2 ou 3 bataillons différents. Ainsi, chaque chef de bataillon, ayant à mener l'action sur 200 à 250 mètres de front, pourra en faire son affaire (si le terrain est bien préparé). Le colonel lui-même, placé au centre d'une zone de 500 mètres de large, sera au moins renseigné assez rapidement, et pourra intervenir.

Au contraire, déployer 1 bataillon sur 700 mètres, 1 régiment sur 1,500, ce serait vouloir supprimer les 2 chefs de bataillon et le colonel. Si le terrain est, de plus, insuffisamment préparé, ils seront bloqués dans une zone infime et ne sauront pas ce qui se passe à 100 mètres d'eux. L'homogénéité réalisée dans le sens du front, serait toute d'apparence, puisqu'il n'y aurait plus de chefs supérieurs.

Il ne faut donc pas transplanter **dans les tranchées** des **ordres de bataille** qui ne sont acceptables que dans la guerre de campagne, où la vue s'étend loin, où les renseignements galopent.

Du mélange des unités. — Il est toujours excellent que les premières vagues sachent derrière elles des camarades et des chefs du même régiment : elles les connaissent, tandis que d'un régiment à l'autre on s'ignore. Or, la disposition de régiments déployés les uns derrière les autres aboutit forcément et même plusieurs fois dans la même action, à constituer de ces groupes hétérogènes si redoutés par leurs multiples défauts.

Une unité, grande ou petite, considérera toujours comme la pire des disgrâces d'être prêtée à un chef voisin, qui ne lui est rien. C'est sans doute un tort que d'accepter si mal une nécessité qui n'est jamais ordonnée qu'en vue du succès commun; mais la **prévention existe avec force**, et **comme pour tous les facteurs psychologiques**, il est plus sage d'en tenir compte que de la négliger sous prétexte qu'elle est injuste.

L'argot militaire a créé pour cette situation un terme spécial « **l'invité** ». L'invité se plaint d'être toujours mis au plus dur, d'être le baudet en cas d'échec et d'avoir maigre part au succès. Il n'a pas toujours tort...

Quand ces groupements artificiels sont constitués **avant** l'action, il n'y a que demi-mal; on a le temps de se bien comprendre. Mais quand ils sont **improvisés au cours de la progression**, quand il faut donner à des compagnies déjà orientées de nouveaux ordres, de nouveaux objectifs, de nouvelles directives et les détourner du plan minutieusement concerté la veille, on jette le trouble partout. C'est déjà bien assez difficile que de faire ce qui avait été convenu. Rien que la **communication matérielle des nouveaux ordres et la prise des nouvelles liaisons** sont si peu assurées en pleine lutte, qu'il ne faut procéder à ces **ruptures des liens tactiques naturels** que dans des cas très critiques — et non en jouer à toute occasion **comme d'un procédé normal**. Il faut laisser cela au **Kriegspiel**, auxiliaire de la stratégie, mais malfaiteur de la tactique.

Donc, faire combattre les compagnies dans leurs bataillons, les bataillons dans leurs régiments, etc.... pas « d'invités!» On peut presque toujours y arriver par le seul effet des dispositions initiales.

Emploi des territoriaux. — Bien encadrés, bien guidés, appelés en nombre suffisant pour se reposer un jour sur deux, les territoriaux fournissent en arrière de la ligne de feu une excellente main-d'œuvre, dont l'emploi est encore beaucoup trop restreint.

L'expérience apprend qu'une corvée doit comprendre 20 hommes au plus, avec guide et gradé devant, gradé derrière.

Des territoriaux bien choisis, débarrassés de tout armement offensif, rempliraient parfaitement dans les compagnies et bataillons des fonctions qui enlèvent à la ligne de feu tant de fusils cependant «présents». Je les ai énumérées. Les jours de combat, les T. C. et T. R. ne devraient comprendre que des territoriaux et des S. A. On peut récupérer ainsi 200 fusils par régiment.

Des brancardiers régimentaires. — «Nous voulons bien nous battre», disaient en 1870 les zouaves du général Bruneau, «mais qu'on ne nous laisse pas crever comme cela si nous sommes blessés». (*Souvenirs, p. 204.*) Ils le diraient encore aujourd'hui. Le service des brancardiers régimentaires est le seul échelon du service de santé qui soit resté aussi défectueux qu'au début de la campagne. Les avancées du champ de bataille sont encore le lamentable domaine de la plus triste des morts : la mort lente faute de soins.

Les causes en sont les suivantes :

Les brancardiers sont en pratique uniquement sous les ordres des médecins du régiment. Vienne le combat : tous les médecins sont aussitôt cloués dans les postes de secours, vite débordés par le nombre des blessés et s'y multiplient avec l'inlassable dévouement que nous admirons tous. Les brancardiers, eux, partent au hasard sur le champ de bataille, sans notion exacte sur la zone du régiment et surtout sans chefs : car il ne faut pas compter comme tels le sergent et les 3 caporaux brancardiers, qui du reste s'empressent généralement dans les postes de secours, infirmiers officieux. Ces brancardiers, encore que certains se soient signalés par les actes les plus méritoires, n'ont garde, abandonnés à eux-mêmes, de commencer leur cueillette là-bas, en plaine, derrière nos tirailleurs au contact. S'il fait jour, c'est un sacrifice inutile et interdit; s'il fait nuit, on pourrait se perdre. D'autres blessés sont plus proches, sans même sortir de notre parallèle de départ : blessés pour blessés, autant ceux-là que d'autres; ce seront donc les premiers secourus. Les autres, ceux qui gisent loin dans les champs, à la merci d'un obus qui les achève ou d'un retour ennemi qui les massacre, attendront 2 jours, 4 jours, 6 jours... dans une horrible angoisse.

Et c'est ainsi que les blessés sont ramassés toujours len-

tement, et **exactement dans l'ordre inverse de celui qu'il
aurait fallu.**

Les médecins, d'ailleurs, n'en conviennent jamais : ils
prônent les brancardiers parce qu'ils les ont dressés, qu'ils
en ont parfois obtenu beaucoup sous leurs yeux et qu'ils
se figurent qu'il en sera toujours ainsi, même loin d'eux.

Mais ceux qui ont parcouru pendant toute une nuit un
champ de bataille où avaient donné 3 régiments, **sans y
croiser une seule équipe** de brancardiers, souhaitent des
réformes :

Contrairement aux infirmiers, les brancardiers — qui
sont de simples porteurs — doivent être menés par des
méthodes beaucoup plus militaires que médicales; être
très fortement encadrés; recevoir d'un chef responsable
(chef de musique, porte-drapeau, adjudant brancardier...)
des ordres très précis sur le compartimentage du terrain à
fouiller, ordres dérivant d'une liaison entre ce chef et les
chefs des bataillons engagés. Il faut organiser un contrôle
sévère du rôle de **chaque équipe** et remettre impitoyablement dans le rang les brancardiers qui auraient opéré à
leur fantaisie et n'importe où.

Il est à remarquer que le succès de l'office de brancardiers est lié à plusieurs des conditions dites plus haut : terrain clairement préparé et repéré, plan exact, dispositions
du régiment en profondeur sur front étroit.

Ainsi tout se tient et c'est encore le soin apporté à pré-
parer le terrain qui augmentera la vaillance du soldat, dé-
livré de l'obsession de n'être pas promptement secouru s'il
est **blessé au premier rang.**

Des méprises. — **Les méprises** sont encore fréquentes
la nuit et sont commises en général par les renforts qui
s'avancent sans savoir exactement jusqu'où le terrain est à
nous. Les cris de «France! ne tirez pas! c'est le $N^{ième}$!»
n'arrêtent pas le feu, par crainte d'une ruse.

Il faut absolument convenir d'un cri spécial (qui peut
être le «mot») changé chaque jour, qu'on ne puisse aucu-
nement soupçonner d'être connu également de l'ennemi
et dont la vertu sera d'arrêter aussitôt le feu fratricide.

**Des rapports et récits d'opération faits après le
combat.** — Il est nécessaire de dire que les combats actuels sont tellement confus et décousus que la **vérité des
détails** y est absolument insaisissable. On est sûr des dispositions initiales et c'est tout. A partir de là, chaque unité
ajuste après coup sa petite histoire, souvent de très bonne
foi et toujours sans s'oublier. La plus grande cause d'erreurs est que chacun se croit instinctivement au centre de
l'action et veut tout expliquer par les seuls petits incidents
qu'il a vus.

Il faut ignorer les réalités pour croire que les rares officiers qui reviennent indemnes de ces journées de fièvre et d'insomnie sont capables de dire positivement tout ce qui s'est passé autour d'eux et de faire un récit d'ensemble exact, appuyé sur des heures précises. Enfin, des caractères que l'on aimerait d'une noblesse sans tache, ne savent pas toujours résister à la tentation de s'approprier, pour les leurs, le bien du voisin. Les points de contact de 2 régiments sont particulièrement favorables à l'éclosion des versions les plus différentes du même événement.

De ces matériaux fragiles et contradictoires, force est d'éliminer les uns et de garder les autres, sans pouvoir faire d'enquêtes probantes, la plupart des intéressés n'étant plus là. Si l'on n'y prend garde, il se constitue, ainsi, des récits **détaillés** d'opérations qui fourmillent d'erreurs parce que détaillés, et ne satisfont les uns qu'au détriment des autres. Il appartient à chaque chef de sauvegarder la part des absents, de prévenir toute mauvaise rivalité et de **maintenir avant tout** intacte la franche cohésion et le mutuel esprit de dévouement entre tous ses enfants.

En conséquence, on ne doit donner de consécration officielle qu'à des **faits rigoureusement établis** : de ceux-là seuls peut se dégager un **enseignement** incontestable, **profitable aux opérations ultérieures**, ce qui a beaucoup plus d'intérêt que de départager des prétentions rivales.

Les récits officiels doivent donc se limiter aux grandes étapes de l'opération; puis, disséquer en détail **les seuls épisodes d'où il se dégage des principes** à graver profondément dans les esprits. On combattra ainsi cette éternelle répétition des mêmes fautes, qui est une des choses les plus exaspérantes de la guerre.

Enseignements de détails à retirer des combats. — A titre d'exemples de fautes de détails, je citerai quelques faits que je tiens de témoins oculaires très sûrs :

— Bataillons privés de sommeil l'avant-veille de l'attaque, par une demande de travailleurs convoqués à 6 kilomètres de leur cantonnement et attendant là pendant plusieurs heures sous la pluie, sans être même utilisés.

— Les mêmes bataillons ne dormant pas le lendemain, l'état piteux des boyaux et les contr'ordres ayant exigé toute leur nuit pour gagner leur position.

— Envoi de reconnaissances d'officiers qui n'obtiennent que le lendemain soir connaissance des places d'armes qui leur reviendront.

— Le repas copieux du matin de l'attaque ne parvenant pas à des unités par suite de l'avis tardif du point de ravitaillement et de l'impossibilité, pour les corvées de vivres, de retourner le chercher à travers des boyaux surencombrés.

— Pour d'autres **unités**, manque de moyens de transport et de distribution individuelle pour les suppléments liquides inopinément accordés; gaspillages.

— Distribution d'**engins d'assaut** trop tardive pour permettre aux capitaines d'en organiser une bonne répartition.

— Calculs erronés de la contenance des parallèles de tête; comme conséquence, les 1re et 2e vagues obligées d'occuper en partie les emplacements des 2e et 3e; et celle-ci bloquée dans de mauvais boyaux enfilés; l'ordre d'un capitaine «Abritez-vous!» se transmettant «Retournez aux abris!», et 7 sections retournant à un kilomètre en arrière une heure à peine avant le moment H, à l'insu complet du capitaine qui est resté coincé dans un boyau avec une seule section.

— L'heure H parvenant à des unités de 1re vague à H + 30'.

— Unités s'attribuant à l'insu les unes des autres les mêmes P. C., les mêmes places d'armes, les mêmes emplacements de distributions sur roues, sans que le chef commun immédiat ait réparti.

— Absence de signes extérieurs et de plantons à des P. C. et postes de secours importants. Usage de dénominations différentes sur les plans, sur les écriteaux et dans les ordres. — Comme conséquence, retards et même disparition de plis essentiels.

— Unités avisées trop tard que l'on fait un tir supplémentaire sur la 1re tranchée ennemie et qu'il y a lieu de reculer de nouveau de 50 mètres.

Il est inutile de multiplier ces exemples : ils indiquent suffisamment qu'il y a encore beaucoup à travailler. Cependant, si l'on veut bien les relire, on constatera encore qu'une **préparation plus méthodique du terrain** et une plus grande dépense de précision eussent été le remède préventif de la plupart.

TROISIÈME PARTIE.

A L'ARRIÈRE : INSTRUCTION ET CADRES.

Certaines moins-values dans le rendement de troupes qui avaient pourtant fort bonne mine m'amènent à rechercher, autre part que sur le terrain des approches, pourquoi l'ardeur, l'intelligence, l'esprit de sacrifice *inimitables* du soldat français ne le conduisent pas toujours à des victoires complètes.

Le soldat. -- Sauf quelques récupérés et débusqués maussades, le soldat possède toujours ces qualités **comme au premier jour.** Rien n'a changé dans la façon simple et loyale dont il se donne sans compter et sans murmurer, au chef qui a su le mériter. La longueur de la guerre n'a engendré chez lui ni découragement ni mécontentement, mais seulement une sorte de fatalisme, qui, chez certains caractères, devient une indifférence et une apathie croissantes pour les mille contingences de la vie quotidienne.

Tacitement, il a donné sa peau ; quand on voudra, il payera : jusque là, il voudrait bien qu'on le laissât tranquille et que tout lui tombât du ciel. Quand il raisonne, il sent bien qu'il est utile de rester entraîné, d'apprendre des engins nouveaux, de se protéger par la terre, d'observer des consignes d'ordre, d'hygiène et de sécurité... mais, en attendant que l'Heure sonne, qu'est-il pourtant de mieux que de

Dormir la tête à l'ombre et les pieds au soleil.

Pour secouer et réveiller notre héros imprudent, pour le forcer malgré lui à mettre tous les atouts dans son jeu, *il faut des cadres de plus en plus sûrs, fermes et nombreux.*

Les sous-officiers. — Tous les bons S. O. sont devenus officiers. Il reste peut être de la matière pour en faire d'autres, mais le temps et la méthode font souvent défaut : **le temps,** parce que, dans les périodes de repos, des programmes très chargés détournent de cette absorbante besogne ; **la méthode,** parce que, comme je le dirai en parlant de l'instruction, il n'existe encore nulle part **un clair rudiment de 200 pages, base des connaissances et des devoirs actuels des chefs de 1/2 sections.**

Nos S. O. sont pour la plupart de bons et braves soldats, peu fixés sur les principes et ayant par suite un commandement inégal et flottant. Au cantonnement, ils aident peu les officiers. Au combat, ils se battent courageusement dans le rang au lieu d'être **des serre-files implacables.**

Les officiers subalternes. — Le nombre des officiers improvisés, tirés par les régiments de leur fonds propre, semble avoir atteint sa limite. Il est temps d'aller en chercher autre part. Des projets de lois, récemment déposés, indiquent où il y en a en abondance. On rencontre à l'arrière ou dans les services de demi-front quantité d'officiers et S. O. encore jeunes qui ont visiblement de la tenue, de l'éducation et toutes les attitudes du commandement : il ne leur faudra qu'un peu de technique et de pratique pour exceller dans l'infanterie.

Il n'y a pas à s'arrêter à l'objection que les services automobiles et administratifs seront désorganisés : car si ces services avaient souffert par le feu comme l'infanterie, il aurait bien fallu que, comme elle, ils **marchent quand même** : c'est donc ce qu'ils feront.

On trouvera encore de bons officiers dans ceux des **régiments territoriaux** qui ne semblent pas destinés à être engagés à fond.

Enfin les officiers venus de la **cavalerie** se sont partout montrés tels qu'on ne peut que désirer en recevoir encore beaucoup d'autres.

De l'instruction des cadres. — Pour former les nouveaux officiers et S. O. nécessaires, il ne suffit pas, comme d'aucuns pensent, de les jeter à l'eau pour leur apprendre à nager : cette formule trop expéditive conduit le plus souvent à se noyer et quand il s'agit de chefs, cela s'aggrave du danger de noyer les autres. Si donc l'expérience de la vie du front et le contact journalier de camarades instruits sont la meilleure école *d'application*, encore faut-il acquérir préalablement un minimum de principes et de notions **bien sues** : car, si on s'en fie à la pratique seule, il peut s'écouler un temps très long avant que certains cas se présentent, et c'est ainsi que, chez des officiers improvisés que l'on croit très bons, on découvre tout à coup des lacunes complètes.

Conservation et mise à jour des documents d'instruction militaire. — Où donc apprendre ces principes?

Les anciens règlements sont devenus caducs, leur étude ne donne plus qu'un dangereux mélange d'idées justes et d'idées fausses.

La vérité militaire gît actuellement dans la série des mille circulaires, instructions, bulletins de renseignements, etc., qui, s'annulant, se complétant ou se rectifiant les uns les autres, ont été distribués depuis seize mois, tantôt avec parcimonie aux seuls colonels, tantôt avec générosité jusqu'aux lieutenants.

Mais ce sont toujours des feuilles volantes.

Ainsi le Koran fut d'abord écrit sur d'éparses omoplates de mouton, mais il eut la fortune d'être ensuite collationné *ne varietur*. .Tandis que nos dossiers de bataillons et de compagnies sont souvent fort mal tenus, du fait de notre vie errante, et seraient-ils même complets, que les choses essentielles n'en sailliraient nullement, comme il conviendrait pour l'usage des jeunes gradés et même des anciens.

Il faut donc, avant tout, mettre de l'ordre dans cette stratification confuse de documents de toute sorte; il faut expulser les périmés, les contradictoires, ceux qui font double emploi ou ne sont pas d'intérêt permanent. On réduira le bagage de chaque unité à quelques dossiers légers, faciles à compulser, et surtout *auxquels on pourra se référer en toute confiance.*

Pour réaliser cette dernière condition, il y a une règle à adopter : c'est de ne jamais envoyer une modification à une instruction d'ordre militaire. En cas de **retouche**, il faut en refaire une nouvelle et prescrire de détruire l'ancienne.

Ces dossiers constituant, comme je l'ai montré, *les seules bases sérieuses de notre instruction militaire actuelle* doivent **exister semblables** dans toutes les unités jusqu'à la compagnie incluse, et ne recevoir que les documents qu'il sera prescrit d'y conserver, avec un classement imposé.

A ce culte et à cette uniformité, chacun comprendra enfin que ces dossiers ont hérité de toute la valeur de nos anciens règlements bleus et qu'ils font loi.

Le classement pourrait être le suivant (pour les compagnies et bataillons) :

I. — Discipline et organisation générale, principes de commandement.

II. — Service intérieur en campagne, alimentation, hygiène, tenue.

III. — Instruction tactique des troupes, organisation des positions.

IV. — Descriptions et usage du matériel français.

V. — Matériel et pratiques allemandes.

VI. — Documents divers d'intérêt momentané (à épurer périodiquement).

La constitution ou la mise à jour de ces dossiers évitera encore aux échelons successifs du commandement l'ennuyeuse obligation d'envoyer de **constants rappels d'ordres anciens** Il n'est pas douteux qu'actuellement la parole du commandement a une valeur trop courte en raison de l'afflux constant d'hommes et de gradés nouveaux qui ne l'ont pas entendue. Il faut alors refaire de nouvelles circulaires qui, écrites sur un ton plus énergique, priment pour un temps toutes les autres, avant d'avoir le même sort. C'est ainsi que l'on voit des unités s'attacher outre mesure pendant huit jours de suite aux boyaux, ou aux armes, ou au salut, ou aux fumiers, alors qu'il est mieux que les exigences utiles gardent une hiérarchie immuable dans l'ordre de leur importance.

Manuel du gradé et aide-mémoire de l'officier. — Pour le dressage rapide et les besoins quotidiens ultérieurs des nouveaux chefs de sections et demi-sections, il faut donner à la rédaction des principes **une forme plus commode que celle d'une collection de circulaires.**

Nous sommes maintenant assez fixés sur toutes choses pour entreprendre la rédaction d'un *Manuel du Gradé* et combler cette grave lacune dont souffrent toutes les Écoles d'instruction du front et de l'intérieur. **Il ne s'agit pas de faire d'avance le futur** *Règlement de manœuvres de l'Infanterie.* Ce sera l'affaire de savantes commissions après la guerre, mais de mettre en ordre sous une forme logique, pratique, précise surtout, les notions nouvelles, indispensables à cette guerre-ci et actuellement diffusées dans de trop nombreuses instructions. Le gradé trouvera là des conseils pratiques sur l'art de commander et sur l'usage de l'initiative, un exposé précis du rôle de son grade, un tableau de ses devoirs quotidiens au cantonnement, en tranchées, au combat, et toutes les données pratiques qui règlent aujourd'hui la manœuvre de la section, le maniement du fusil et de son frère, l'outil. On se bornera à lui apprendre les principes désormais avérés et hors de toute discussion.

Le rédacteur qui aura dépouillé à cet effet les **Instructions et Notes** publiées par les différentes armées y recueille aussi les éléments d'un *Aide-mémoire d'un officier d'infanterie* dont les chapitres pourront être à peu près ce que j'ai indiqué comme titres des dossiers. Il contiendra de l'organisation, de la nomenclature, des données numériques, des explications sur le matériel en service, et les matières dont on n'aura pas voulu encombrer le *Manuel du Gradé.*

Ces deux petits volumes, se complétant, formeront la base solide **qui manque totalement aujourd'hui** et sur laquelle on construira dans les régiments et les compagnies.

Le Bulletin des Armées. — Pour faire parvenir à tous les hommes certaines prescriptions non secrètes, conseils, anecdotes sur les ruses ou l'état d'esprit de l'ennemi, on n'utilise jamais le **Bulletin des Armées**, lequel serait heureusement rajeuni par une partie officielle intéressante. On a pourtant là le meilleur duplicateur : il donne plus d'exemplaires que tous les autres réunis, et atteint sûrement le troupier qui le met dans sa poche et le lit à son heure.

Tandis qu'au rassemblement quotidien, on n'écoute pas les choses trop longues, surtout quand il y a à liquider toutes les communications qui se sont accumulées pendant dix ou vingt jours de tranchées.

Instruction des troupes en réserve et dans les dépôts. — L'existence d'un **Manuel du Gradé** et d'un **Aide-Mémoire de l'Officier** ne servira pas seulement à cristalliser la valeur de ceux-ci autour d'un noyau plus solide. Elle permettra d'exiger que l'instruction que l'on donne aux soldats en arrière du front et dans les dépôts les prépare vraiment à **prendre immédiatement leur place parmi les combattants**, alors que nous recevons encore des renforts **dans un état d'ignorance complète de choses primordiales**. On ne se doute pas de ce qui se vend encore dans les librairies de province de vieux «Fantassin en un volume» ou autres compilations périmées : cela donne une idée du genre d'instruction qui peut s'y faire. En revanche, on n'y enseigne rien ou presque rien des grenades, de l'école de sape, des règles de la vie au cantonnement, des devoirs aux tranchées, des assauts actuels, des combats à l'intérieur d'un labyrinthe de boyaux et de barricades, etc.

Il faut doter tous les dépôts d'un nombre suffisant d'outils, sacs à terre, grenades non chargées mais amorcées, etc., faute de quoi on travaille dans le vide ou à côté.

On devrait se battre à blanc sur les polygones de Rouen ou de Tours dans des **Copies** des lignes de Tahure ou de Neuville.

Il faut de plus **divulguer dans les dépôts toutes les circulaires sur l'instruction et la discipline** que reçoit de ses chefs le régiment de campagne correspondant : il est évident que **les hommes du dépôt en ont besoin au même titre que leurs camarades du front**, puisque le but est de les instruire en vue de ne faire qu'un avec eux à un moment donné. Si les ordres et conseils des généraux du front **en matière de préparation au combat** ne peuvent atteindre à l'intérieur ceux qui seront sous leurs ordres demain, on ne prépare pas les renforts qu'il faut, on ne prépare que des soldats modèle août 1914, et encore.....

Entretien du moral du troupier au cantonnement de repos. — On a fort bien discerné que le moral d'une troupe d'assaut se forgeait au cantonnement de repos et que l'observance stricte de certains rites militaires, rang serré, tenue correcte, salut, était la meilleure préparation à la cohésion du combat.

Un chef doit être le maître absolu de sa troupe dans les instants suprêmes; il est alors magnifiquement payé en quelques minutes des efforts patients qu'il a dû faire pour la maintenir en parfaite santé de *discipline* et d'*obéissance*.

La bonne discipline est rendue plus aisée par la bonne humeur et celle-ci naît du bien-être au cantonnement et de la sollicitude que le soldat sent autour de lui. Ce sont vérités connues. Il en résulte que les ordres de cantonnement doivent être minutieusement préparés et basés, dans ces villages archi-connus, sur des contenances réelles et non sur le principe que quand il y en a pour deux, il y en a pour trois. Le soldat qui revient de la tranchée supporte mal de voir plus au large que lui des satellites qui n'y vont jamais. Il est fort sensible à la paille abondante et propre. Il faut encore le défendre contre la honteuse rapacité des mercantis, petits et grands, et lui ménager le bon accueil des populations, qu'une trop longue occupation de la même zone rend souvent très désagréables, même vis-à-vis des officiers les plus courtois : pour cela, il suffirait de payer ou simplement de mandater à chacun les indemnités de cantonnement qui lui sont dues de par la loi; les maires ne prennent nulle part aucun soin de noter exactement et de réserver les droits de chaque habitant, et ceux-ci, leurrés depuis plus d'un an, ne veulent plus croire qu'ils recevront jamais une compensation à leur dérangement.

L'esprit d'obéissance est beaucoup plus difficile à obtenir de nos soldats que l'esprit de discipline, dont il diffère grandement. Et il a une grosse importance, non pour l'assaut lui-même, mais pour l'exécution de toutes les mesures qui mettent la troupe dans les meilleures conditions pour attaquer ou résister victorieusement. Notre soldat n'est pas désobéissant par mauvais esprit ou indiscipline, mais par paresse ou par cette apathie dont j'ai parlé. Il faut lutter, en renonçant délibérément aux trois quarts des minutieuses sujétions du temps de paix et en se mettant d'accord sur quelques exigences absolues, bien choisies, pour lesquelles tous les chefs indistinctement se montreront intraitables en toutes circonstances. Ce seront, par exemple, la propreté des armes, les consignes en cas d'apparition d'un avion, celles du sens de la circulation sur les routes, celles des sentinelles aux issues, l'interdiction de quitter un cantonnement sans permission, le secret du mot, les heures de fréquentation des débits, etc., ou d'autres exigences, si l'on préfère, pourvu qu'il y en ait.

Toutes ces consignes sont parfois appliquées avec un laissez-aller qui n'est pas relevé comme il devrait l'être.

Ainsi les consignes aux issues sont variables et obscures et finissent par se réduire, en pratique, à une seule formalité, jour ou nuit : donner le mot, moyennant quoi, tout passe, piétons, voitures, civils, militaires. Le mot est crié à tue-tête par les automobilistes, sans ralentir ; et certains services en possèdent des listes pour huit ou dix jours d'avance. Tous les habitants le connaissent pour aller aux champs. Enfin, dans les villages tout proches des tranchées, on continue par habitude à mettre des postes aux issues, mais la circulation est tellement intense qu'ils ne demandent plus rien à personne. Ces mœurs relâchées ont pour conséquence que hors de la présence immédiate de l'ennemi le soldat ne prend plus grand'chose au sérieux et qu'il peut toujours agir à sa guise en se réclamant d'un précédent toléré autre part ou d'une différence d'interprétation sincère ou simulée.

Le même soldat dans les tranchées ne se pliera aux mesures impérieuses d'ordre ou de sécurité que si elles ne le gênent pas trop ou s'il est individuellement surveillé et interpellé.

Alors il cédera bien volontiers, parce qu'il est discipliné et qu'au fond il comprend pourquoi ; mais le gaspillage et la négligence auront déjà pu faire leur œuvre et compromettre quelque chose.

Qualités des cadres. — C'est au nombre et à la qualité des cadres subalternes, à l'unité de leur savoir et de leurs méthodes, à leur culture de la précision qu'il faut demander de compenser — et cela est facile — le seul défaut de notre soldat.

Il est devenu banal de dire combien nos jeunes cadres sont superbes au feu et généreux de leur sang.

Pour la lutte qui prépare la *Trouée*, il les faut encore instruits, méthodiques, positifs, «ardents au devoir quotidien».

COMMANDANT LACHÈVRE,
74ᵉ régiment d'infanterie.

Versailles, Novembre 1915.
Hôpital Nᵒ 13.

www.ingramcontent.com/pod-product-compliance
Lightning Source LLC
Chambersburg PA
CBHW060747280326
41934CB00010B/2391